Rosa Walder

KÄRNTNER SPEZIALITÄTEN

KOMPASS **Küchenschätze**

Inhalt

Seite

Ein Wort zuvor

Wer an Kärnten denkt, denkt vielleicht zuerst an die bekannten Seen, wie den Wörther oder Millstätter See oder an die reizvolle Stadt Klagenfurt. Kärnten ist das südlichste und wärmste Bundesland Österreichs mit einer Fläche von etwa 9500 Quadratkilometern. Es ist übrigens das einzige Bundesland, das seinen Namen von einer Volksgruppe, dem Keltenstamm der „Karner", erhalten hat. Das sonnenverwöhnte Land grenzt im Osten an die Steiermark, im Norden an das Land Salzburg, im Westen an Osttirol und im Süden an Italien und Slowenien.

Diese verschiedenen Grenzländer haben die Kärntner Küche sicher beeinflußt, dennoch gibt es eine Vielzahl landestypischer Rezepte. Von den herzhaften Gerichten und der Vielseitigkeit der Kärntner Küche ist jeder Besucher immer wieder begeistert. Der berühmte „Reindling" – ein lockerer

Germ-(Hefe-)Guglhupf – mit süßer Füllung wird oft und gerne zum Frühstück oder zur Jause serviert und ist weit über die Grenzen des Landes bekannt.

Darüberhinaus schätzt man aber auch eine ganze Reihe anderer beliebter Gerichte dieses österreichischen Bundeslandes. In diesem Buch finden Sie daher neben typischen Suppen, wie beispielsweise die „Gölbe Supp'n“ (gelbe Suppe), verschiedene Haupt- und Zwischengerichte. Ein Gemüseeintopf mit geräuchertem Schweinefleisch ist der Ritschert. Sie können aber auch typische Fleischspeisen wie den Lavanttaler Mostbraten oder ein kräftiges Schöpsen-(Lamm-)Gulasch kennenlernen. Wohl am bekanntesten sind die hausgemachten Kas- und Kletzennudeln. Das letzte Kapitel ist den vielseitigen Süßspeisen und Gebäckspezialitäten gewidmet.

Auf den nachfolgenden Seiten werden daher die besonderen landestypischen Gerichte kurz beschrieben.

Daran anschließend finden Sie eine Erklärung der küchen- und kochtechnischen Begriffe mit einem kleinen „Küchenlexikon“ als Sprachführer durch das Land.

So wird es Ihnen sicher leicht fallen, die verschiedenen Kärntner Spezialitäten kennenzulernen und mit Freude nachzukochen. Dabei wünsche ich Ihnen stets ein gutes Gelingen.

Ihre
Rosa Walder

Die besonderen Kärntner Spezialitäten

Kärnten ist im Norden eingeschlossen von den Hohen Tauern, im Osten durch die Koralpe, im Süden durch das Kalkgebirge der Karawanken und dem Hauptkamm der Karnischen Alpen. Das Land teilt sich in Unterkärnten – das ist das Klagenfurter Becken – und Oberkärnten mit den Tälern der Drau, Möll und Gail. Es besteht aus sieben Bezirken. Insbesondere in den Tälern haben sich viele traditionelle Rezepte über Generationen hinweg erhalten. So kennt und schätzt man die **Rosentaler Kirchtagssuppe** oder die **Drautaler Silvestersuppe,** den **Lavanttaler Mostbraten** und das **Metnitztaler Schmalzmus.** Insbesondere das Lavanttal ist bekannt durch seinen reichen Obstanbau. Der Most ist hier nicht nur ein beliebtes Getränk, er wird vielfach auch zur Verfeinerung von Speisen verwendet.

Im ganzen Land beliebt sind die Nudeln, von denen die **„Kärntner Kasnudeln"** wohl die bekanntesten sind. Sie werden mit einer Fülle aus vorgekochten, durchpassierten Erdäpfeln (Kartoffeln) und Topfen (Quark) sowie verschiedenen Kräutern zubereitet.

Daneben sind auch die **Kletzennudeln** sehr beliebt, die, wie der Name schon sagt, mit einer Mischung aus getrockneten, dann eingeweichten Kletzen (Birnen) hergestellt werden.

Die in ganz Österreich bekannten und beliebten Knödel, wie **Semmel-, Leber-** oder **Erdäpfel-**(Kartoffel-) **Knödel,** dürfen auf der Kärntner Speisenkarte keinesfalls fehlen. Eine Besonderheit sind dabei die **„Lavanttaler Apfelknödel",** die mit dem **„Grantnschleck",** einer Mischung aus Sahne und Grantn (Preiselbeeren), besonders gut schmecken.

Die Kärntner Landwirtschaft baut insbesondere Mais und Buchweizen an. Beide Getreidesorten finden Verwendung in vielen Gerichten, beispielsweise für die verschiedenen **„Sterze".**

Koche und Schmarrn gehören genauso zur Kärntner Küche wie die vielen kräftigen Suppen. Der „Ritschert" – ein Gemüseeintopf mit Gerste und Selchfleisch (geräuchertes Schweinefleisch) – ist eine besonders sättigende Spezialität. Daneben stehen die **„Farferlsuppe"**, die **„Gölbe Supp'n" (gelbe Suppe) oder die kräftige Knoblauchsuppe** zur Auswahl.

Auch die Fleischgerichte sind sehr vielfältig. Da findet man die **„Frigga"** (mit Hartkäse überbackene Speckscheiben) oder die **„Maischl"** (im Schweinenetz gebratene, faschierte und mit Rollgerste vermischte Innereien). Ein knuspriger Schweinsbraten muß hier genauso erwähnt werden wie ein deftiges **Schöpsen-** (Lamm-)**Gulasch.**

Vom Kräftigen zum Süßen. Mit Germ (Hefe) entsteht ein so leckeres Gericht wie der **„Kärntner Reindling"**, der mit einer Mischung aus Zucker, Zimt und Weinbeeren (Rosinen) gefüllt wird.

Daneben kennt und schätzt man die gefüllten **Germkrapfen** oder den saftigen **Zwetschkenfleck.** Nicht weniger beliebt ist das **„Kletzenbrot"**, das vielerorts schon in der Vorweihnachtszeit gebacken wird.

Nach einem guten Essen oder zu einer kräftigen Jause wird gerne ein guter Schnaps getrunken. In Kärnten findet man neben einem einfachen Obstler oder **Holler-**(Holunder-)**Schnaps** auch Edelbrände wie einen kräftigen **Enzian.**

Kleines Küchenlexikon

Apfelkren	=	Meerrettich mit geriebenen Äpfeln
Aranzini	=	Orangeat
Backfett	=	Fett zum Ausbacken, z. B. Butterschmalz
Blaukraut	=	Rotkohl
Bratreine	=	Bratgeschirr, meist emailliert
Dampfl	=	Hefevorteig
Eidotter	=	Eigelb
Eierschwammerl	=	Pfifferlinge
Eiklar	=	Eiweiß
Erdäpfel	=	Kartoffeln
Faschiertes	=	Hackfleisch
Fisolen	=	grüne Bohnen
gelbe Rüben	=	Möhren, Karotten
Germ	=	Hefe
Gerstl	=	Graupen, Rollgerste
Geselchtes	=	geräuchertes Schweinefleisch
Grantn	=	Preiselbeeren
Guglhupf	=	Napfkuchen
Heidenmehl	=	Buchweizenmehl
Holler	=	Holunder
Karfiol	=	Blumenkohl
Kerschen	=	Kirschen
Kletzen (auch „Kloatzen“)	=	getrocknete Birnen
Knödel	=	Klöße
Koch	=	Auflauf, gekochte Speise
Kraut	=	Weißkohl
Kren	=	Meerrettich
Lauch	=	Porree
Lustock	=	Liebstöckel
Marillen	=	Aprikosen
Mus	=	Milchkoch
Obers	=	süße Sahne
Paradeiser	=	Tomaten

Paradeismark	=	Tomatenmark
Rahm	=	saure Sahne
Ribisel	=	Johannisbeere
Rindsuppe	=	Fleischbrühe
Ripperl	=	Rippchen vom Schwein
Saturei	=	Bohnenkraut
Selchfleisch	=	geräuchertes Schweinefleisch
Semmelbrösel	=	Paniermehl
Staubzucker	=	Puderzucker
Schlagobers	=	Schlagsahne
Schlegel	=	Keule
Schmarrn	=	gebackener, zerteilter Pfannkuchenteig
Schöps	=	Hammel
Schwammerl	=	Pilze
Topfen	=	Quark
Weinbeeren	=	Rosinen
Wurzelwerk	=	Gemüsemischung, bestehend aus: Karotte, Petersilie, Porree, Petersilienwurzel, Sellerie
Zottlkraut	=	Sauerkraut
Zwetschken	=	Pflaumen

Die wichtigsten Küchenausdrücke

Ablöschen	=	heiße Flüssigkeit aufgießen, z.B. um einen Bratensatz zu lösen
Abschrecken	=	gekochte Speisen, wie z.B. „G'schnittene Nudeln", mit reichlich kaltem Wasser übergießen
Abseihen	=	in ein Sieb geben und abtropfen
Abschmalzen	=	in heißem Fett schwenken
Austreiben	=	Teig ausrollen
Faschieren	=	durch den Fleischwolf drehen

Gehen lassen = Germ-(Hefe-)Teig mit einem trockenen Küchentuch abdecken und an einem warmen Ort stehen lassen, bis sich das Volumen fast verdoppelt hat

Legieren = Flüssigkeit mit Eidotter (Eigelb), Rahm (süße Sahne) oder Butter abbinden

Passieren = durch ein feines Sieb streichen oder drücken

Raspeln = grob zerkleinern

Rasten lassen = stehen oder ruhen bzw. durchziehen lassen verschiedener Teigarten

Reduzieren = Einkochen bzw. Eindampfen von Soßen oder Bratenfonds, damit sie geschmacklich noch intensiver werden

Sämig = dickflüssig

Schaumig rühren = Einrühren von viel Luft, um eine möglichst lockere Schaummasse zu erhalten. Hierzu setzt man am besten den Elektroquirl oder die Küchenmaschine ein.

Unterheben, Unterziehen = vorsichtiges Vermischen von Teig und Eischnee. Am besten benutzt man hierzu einen Kochlöffel und hebt damit die festere Teigmasse über den steifgeschlagenen Eischnee, bis alles gut vermischt ist.

Versprudeln = Eier verschlagen, verquirlen

Ziehen lassen = empfindliche Speisen, wie z.B. Knödel, unter dem Siedepunkt garen lassen

Kärntner Lungenstrudelsuppe

Teig:

250 g Mehl, 1 EL Öl, Salz

1 Ei, 1 Eiklar (Eiweiß)

etwa 1/8 l lauwarmes Wasser

Füllung:

300 g gekochte Kalbs- oder Schweinslunge

40 g Butter, 1 EL Mehl

Salz, Pfeffer

1 Eidotter (Eigelb)

1 Ei zum Bestreichen

Für die Suppe:

11/4 l kräftige Fleischsuppe

2 EL geh. Schnittlauch

● Das Mehl in eine Schüssel sieben. In die Mitte eine Mulde eindrücken. Das Ei hineinschlagen, Öl, Salz und Eiklar dazugeben. Zu einem glatten Teig verkneten, dabei so viel Wasser hinzufügen, bis der Teig von mittelfester Konsistenz ist. Von Hand weiterkneten, bis er „seidig" glänzt. Etwa 30 Minuten zugedeckt rasten lassen.

● Inzwischen die Füllung vorbereiten. Hierzu die Lunge in feine Streifchen schneiden, in der Butter anrösten, dann mit dem Mehl bestäuben und kräftig würzen. Unter beständigem Umrühren abkühlen lassen, dann den Eidotter unterziehen.

● Den Strudelteig auf einem großen, bemehlten Tuch sehr dünn ausrollen und langsam von Hand nach außen ziehen. Die dicken Teigenden abschneiden.

● Die vorbereitete Füllung gleichmäßig auf der Teigfläche verstreichen, und zwar so, daß eine Handbreite zum Überschlagen freibleibt. Durch Anheben des Tuches rollt man den Strudel dann zur freien Seite hin, die vorher mit einem versprudelten Ei bestrichen wurde.

● Nun gleichmäßig große Scheiben abschneiden und diese in kochendem Salzwasser etwa 12 - 15 Minuten langsam garziehen lassen.

● Mit einer Schaumkelle herausnehmen und in Suppentassen oder -tellern anrichten.

● Sofort mit heißer Fleischsuppe begießen und mit gehacktem Schnittlauch bestreut servieren.

Knoblauchsuppe

1 kleine Zwiebel	1 - 2 gehackte Zwiebeln
1 gelbe Rübe (Möhre)	2 - 4 geschnittene Knoblauchzehen
1/8 Stück Sellerie	1 Prise Ingwer, Kümmel
1 kleine Stange Lauch	2 EL Mehl
1 kleine Petersilienwurzel	geröstete Brotwürfel und Eidotter (Eigelb) nach Belieben
2 EL Butter, Salz, Pfeffer	
1 l kräftige Fleischsuppe	
30 - 50 g Butterschmalz	

● Das Wurzelwerk putzen, waschen und kleinschneiden. Die Butter in einem größeren Topf zerlassen, das Gemüse darin andünsten. Würzen. Mit Fleischsuppe auffüllen und ca. 20 Minuten kochen lassen. Durchpassieren.

Das Butterschmalz erhitzen, Zwiebeln und Knoblauch darin anbraten. Mit Ingwer und Kümmel würzen. Mehl darüberstauben. Die Gemüsesuppe langsam einrühren. Abschmecken.

● Nach Belieben jede Portion mit gerösteten Brotwürfeln und einem eingeschlagenen Eidotter servieren.

Drautaler Silvestersuppe

6 Scheiben Toast- oder Weißbrot

Preiselbeermarmelade

2 - 3 Eier

Backfett

l trockener Rotwein

ca. 1/4 l Wasser

etwas abgeriebene Schale einer ungespritzten Zitrone und Orange

4 Nelken

1 kleine Zimtstange

Zucker nach Belieben

Je zwei Brotscheiben mit Preiselbeermarmelade bestreichen und zusammensetzen. In zerklopftes Ei eintauchen, etwas durchziehen lassen und anschließend in heißem Fett goldbraun herausbacken.

Den Rotwein mit dem Wasser, der Zitronen- und Orangenschale und den Gewürzen langsam erhitzen. Nach Belieben zuckern, dann durchseihen.

● Die Brotscheiben in 2 cm breite Streifen schneiden, in Suppentellern anrichten, mit dem heißen Wein übergießen und sofort servieren.

„Gölbe Supp'n" (gelbe Suppe)

1 1/2 l kräftige Suppe aus Rinds-, Kalbs- oder Schweinsknochen

dazu Wurzelwerk aus:
1 Zwiebel
1 gelbe Rübe (Möhre)
1 Stange Lauch
1 kleine Petersilienwurzel
1/8 Stück Sellerie

Lustock (Liebstöckel)
Salz, Pfeffer

Gewürzessenz:
1 - 2 gehackte Zwiebeln
Gewürznelken, Fenchel
1 Lorbeerblatt
2 kräftige Prisen Safran
80 ml saurer Rahm (Sahne)
1 1/2 EL Mehl

● Zunächst eine kräftige Suppe aus gewaschenen, abgebürsteten Knochen und geputztem, kleingeschnittenem sowie gewaschenem Wurzelwerk zubereiten, mit Lustock würzen und nach dem Kochen durchseihen.

● Davon etwa 1/4 l mit Zwiebeln, Nelken, Fenchel, Lorbeerblatt und Safran in einem zweiten Topf mischen. Auf kleinster Kochstufe 1 Stunde lang zu einer Gewürzessenz einkochen lassen.

● Sauren Rahm mit Mehl versprudeln, in die kochende Suppe einrühren, die Gewürzessenz dazugeben und nochmals abschmekken. Einmal kurz aufkochen lassen, dann servieren.

Interessant für Sie:
Die „Gölbe Supp'n" ist, wie die Zutaten schon zeigen, eine besonders geschmackvoll gewürzte Suppe, die ihren Namen durch die gelbe Färbung des Safrans erhalten hat. Diese Suppe wird in Kärnten bei allen Festlichkeiten, zu Ostern und anderen kirchlichen Feiertagen, gerne gegessen. Mancherorts gibt man auch verschiedene Einlagen wie „Nußn" (Backerbsen) oder „Eingußnudeln" (Fadennudeln) hinzu oder man bindet die Suppe noch mit 1 - 2 versprudelten Eiern.

Farferlsuppe

300 g Mehl	100 g Butterschmalz
2 Eier, Salz, Wasser	1 l kräftige Fleischsuppe
1 große Zwiebel	Pfeffer

● Mehl mit Eiern, einigen Eßlöffeln Wasser und etwas Salz abrühren, bis bröselige, kleinbröckligе „Farferln" (Mehlbrocken) entstehen.

● Die Zwiebel schälen und in Ringe schneiden. Das Butterschmalz erhitzen und die Zwiebeln darin hellbraun anrösten. Die trockenen Farferln dazugeben und kurz mitbräunen lassen, dann mit Fleischsuppe aufgießen.

● Unter beständigem Rühren einmal aufkochen lassen, nochmals abschmekken und heiß servieren.

Interessant für Sie:
„Farferln" (auch „Pfarfl", „Färfelein" genannt) sind von Hand hergestellte Mehlbrocken oder -kügelchen aus einem zerriebenen Teig. Sie werden zuerst in heißem Fett abgeschmalzt und dann in Fleischsuppe, Milch oder Wasser gekocht.

Wird die Suppe mit Milch zubereitet, so nennt man sie in Kärnten „Milchfarferlsuppe". Kocht man sie in Wasser, so erhält man eine „Wasserfarferlsuppe", die mit Kümmel geschmacklich ergänzt wird. Auch geröstete Speckwürfel passen gut dazu.

Leberknödelsuppe

1 kleine Zwiebel
30 g Butter
1/2 Bund gehackte Petersilie
125 g faschierte Rindsleber
2 altbackene Semmeln
1 Ei
Salz, Pfeffer, Majoran
1 Prise Muskat
1/2 Knoblauchzehe
Semmelbrösel nach Bedarf
1 l heiße, kräftig abgeschmeckte Fleischsuppe
Schnittlauch

● Die Zwiebel schälen und fein hacken. Die Butter in einer Pfanne erhitzen, Zwiebel und Petersilie dazugeben und unter beständigem Wenden andünsten. Beiseite stellen.

● Die Leber in eine Rührschüssel geben. In Wasser eingeweichte, gut ausgedrückte und dann etwas zerpflückte Semmeln dazugeben. Ei, Gewürze, durchgepreßten Knoblauch und die Zwiebel-Petersilienmischung hinzufügen.

● Alles zu einer geschmeidigen Masse verarbeiten, hierzu am besten den Elektroquirl mit Knetern einset-

zen. Sollte die Masse noch etwas weich sein, Semmelbrösel daruntermischen.

● Etwa 30 Minuten rasten lassen. Mit nassen Händen längliche Knödel formen und diese – je nach Größe – etwa 10 - 15 Minuten lang in siedendem Salzwasser garkochen. Anschließend gut abtropfen lassen, in die heiße Fleischsuppe einlegen und mit frisch gehacktem Schnittlauch bestreut servieren.

Rosentaler Kirchtagssuppe

- 200 g Suppenfleisch vom Rind, z. B. ein Bruststück
- 200 g Schöpsenfleisch (Hammelfleisch)
- 1/4 Suppenhuhn
- 500 g Kalbs- oder Rindsknochen
- 1 Stange Lauch (Porree)
- 1/4 Stück Sellerie
- 1 Zwiebel
- 1 kleine Petersilienwurzel
- Salz, Pfeffer, etwa 1 l Wasser

Kräutersud:

- 1/2 l Wasser
- 4 zerstoßene Pfefferkörner
- 4 Nelken, 2 Prisen Safran
- 1 Salbeiblatt
- 2 kleine Lorbeerblätter
- etwas Lustock (Liebstöckl)
- Basilikum, Thymian
- einige frische Minzblätter
- 2 geschälte, gepreßte Knoblauchzehen

- 1/8 l saurer Rahm (Sahne)
- 2 Dotter (Eigelb), 1 EL Mehl
- geröstete Brotwürfel als Einlage

● Die verschiedenen Fleischstücke kurz kalt abspülen und mit Küchenpapier trockentupfen. Die Knochen ebenfalls waschen und dabei abbürsten.

● Fleisch und Knochen zusammen mit dem geputzten, kleingeschnittenen Wurzelwerk sowie Salz und Pfeffer in einen großen Topf geben.

● Mit kaltem Wasser auffüllen und für etwa 1 1/2 Stunden langsam kochen lassen.

● Inzwischen den Kräutersud zubereiten. Hierzu alle Zutaten in einem zweiten Topf mischen und etwa 1 Stunde lang zu einem kräftigen Sud einkochen lassen.

● Das Fleisch und die Knochen aus der Suppe nehmen. Das Fleisch kleinschneiden und die abgeseihte Suppe darübergießen. Den Kräutersud dazugeben und nochmals aufkochen lassen.

● Rahm, Dotter sowie Mehl versprudeln und einrühren. Nochmals abschmecken und mit gerösteten Brotwürfeln servieren.

Gerschtbreinsuppn

200 g Rollgerste, über Nacht in 11/4 l Wasser eingeweicht	1 l kräftige Fleischsuppe
1 Zwiebel	Minze, Salbei
1/4 Stück Sellerie	Lustock (Liebstöckel)
1 Stange Lauch (Porree)	60 g getrocknete Schwammerl (z.B. Champignons)
1 EL Butter	Salz, Pfeffer

● Die über Nacht in Wasser eingeweichte Rollgerste abgießen und dabei das Einweichwasser auffangen.

● Zwiebel und Sellerie schälen. Die Zwiebel fein hacken, den Sellerie grob würfeln. Den Lauch putzen, waschen und in feine Ringe schneiden.

● Die Butter in einem großen Topf erhitzen, das vorbereitete Gemüse hineingeben und unter beständigem Wenden andünsten. Die inzwischen gut abgetropfte Rollgerste dazugeben und mitrösten lassen.

● Mit Fleischsuppe und 1/4 l des Einweichwassers auffüllen. Würzen.

● Einmal aufkochen, umrühren und anschließend bei niedriger Stufe in etwa 11/2 Stunden weichkochen lassen.

● Zwischendurch umrühren und bei Bedarf noch etwas Einweichwasser hinzufügen.

● 1/2 Stunde vor dem Servieren die getrockneten Pilze unterrühren und mitkochen.

● Mit Salz und Pfeffer kräftig abschmecken.

Unser Tip:
Die „Gerschtbreinsuppn" läßt sich gut mit vorgekochten Bohnen oder gerösteten Speckwürfeln abrunden. Gleich, welche Zutaten Sie auch verwenden, wichtig ist immer, daß der Lustock (Liebstöckel) vorschmeckt.

Kärntner Kräuterrahmsuppe

- 100 g frische Kräuter, z. B. Kerbel, Kresse, Petersilie, Brennessel, Löwenzahn
- 100 g frischer Spinat
- 100 ml Rahm (Sahne)
- 2 - 3 EL trockener Weißwein
- 50 g Butterschmalz
- 1 gewürfelte Zwiebel
- ca. 30 g Mehl
- 1 l kräftige Fleisch- oder Gemüsesuppe
- Salz, Pfeffer

Für die Brotwürfel:

- 3 Scheiben würfelig geschnittenes Weißbrot
- 2 EL Butterschmalz
- 1/2 Knoblauchzehe

● Die frischen Kräuter sowie die Spinatblätter verlesen, sorgfältig waschen, zwischen Küchenpapier trockentupfen und mit einem scharfen Messer kleinhakken oder in der Küchenmaschine zerkleinern.

● In einem größeren Topf zuerst Butterschmalz erhitzen, dann die Zwiebelwürfel darin glasig dünsten und das gesiebte Mehl darüberstreuen. Hellbraun einbrennen lassen.

● Unter beständigem Rühren nach und nach die Fleisch- oder Gemüsesuppe dazugeben.

● Die vorbereitete Kräutermischung mit dem Rahm und dem Weißwein verrühren und zur Suppe geben. Nochmals erhitzen, jedoch nicht mehr kochen lassen. Kurz beiseite stellen.

● Für die Brotwürfel das Butterschmalz in einer Pfanne erhitzen, die Brotwürfel unter beständigem Wenden darin rösten, mit durchgepreßtem Knoblauch würzen und sofort zur Suppe servieren.

Kärntner Ritschert

200 g Rollgerste	Wurzelwerk:
150 g weiße Bohnen oder Erbsen	1 kleine Stange Lauch (Porree)
1 größere Zwiebel	2 gelbe Rüben (Möhren)
1 - 2 Knoblauchzehen	1/4 Stück Sellerie
2 EL Butterschmalz	1 kleine Petersilienwurzel
1 kleine geselchte Stelze (Haxe), Ripperln oder Bauchfleisch	Selleriegrün, 1 Salbeiblatt
	ca. 1 1/2 l Wasser, Salz, Pfeffer
	2 - 3 Blätter Lustock (Liebstöckel)
	1/4 Bund frische Petersilie

● Rollgerste und Bohnen oder Erbsen über Nacht einweichen. Zwiebel und Knoblauchzehen schälen, fein hacken und mit dem Butterschmalz in einem größeren Topf andünsten.

● Das geselchte Fleisch kurz kalt abspülen, mit Küchenpapier trockentupfen und mit dem geputzten, kleingeschnittenen Wurzelwerk dazugeben.

● Alles kurz andünsten, dann Wasser sowie die abgetropfte Rollgerste und die Bohnen oder Erbsen dazugeben. Die Zutaten in etwa 1 1/2 - 2 Stunden langsam ziehend weichkochen lassen. Zwischendurch immer wieder einmal umrühren.

● Das Fleisch herausnehmen und kleinschneiden. Wieder zur Suppe geben, kräftig würzen, Lustock und Salbei hinzufügen. Weitere 15 - 20 Minuten durchziehen lassen, dann mit gehackter Petersilie bestreut servieren.

Interessant für Sie:
Der Kärntner Ritschert ist ein typisches Eintopfgericht, das nicht suppig sein darf, sondern eine dicklichere Beschaffenheit haben sollte. Lustock und Salbei müssen vorschmecken, daher gibt man sie erst zuletzt hinzu.

Forellen mit Kräutersoße

4 mittelgroße Forellen à ca. 250 g
Zitronensaft, Salz, Pfeffer
Butter oder Butterschmalz
etwas Mehl zum Braten

Soße:
60 g Butter
30 g Mehl
etwa 1/4 l Fleischsuppe
1 EL Kerbelkraut
1 EL geh. Petersilie
1 EL geh. Zitronenmelisse
4 EL süßer Rahm (Sahne)
1 Eidotter (Eigelb)
Salz
Pfeffer

● Die Forellen säubern, dann kurz kalt abspülen und mit Küchenpapier troktupfen. Innen und außen mit Zitronensaft und Salz einreiben, mit Pfeffer würzen.

● Etwa 10 Minuten durchziehen lassen, dann in einer großen Pfanne oder Bratreine die Butter oder das Butterschmalz erhitzen. Die Fische in Mehl wenden, dann im heißen Fett unter mehrmaligem Wenden braten.

● Für die Soße das Mehl in Butter hellbraun rösten, Fleischsuppe angießen und mit der Hälfte der Kräuter gut verkochen. Rahm mit Eidotter versprudeln und mit den restlichen Kräutern hinzufügen. Nochmals abschmecken.

● Die Forellen auf eine vorgewärmte Platte legen, die Soße darüber verteilen und sofort servieren.

Beilagen:
Gekochte Erdäpfel (Kartoffeln) und grüner Salat.

Gedünstetes Zanderfilet

● Die Zanderfilets kalt abspülen, mit Küchenpapier trockentupfen und mit Salz sowie Pfeffer würzen. Die Lauchzwiebeln waschen und die grünen Stengelenden abschneiden.

● Die Butter in einem größeren Topf erhitzen, die Zwiebeln darin kurz schwenken, etwas Wasser hinzufügen und zugedeckt 5 Minuten andünsten.

● Die vorbereiteten Fischfilets daraufgeben, Weißwein angießen und in etwa 10 - 12 Minuten garen.

4 Zanderfilets à ca. 180 g
Salz, Pfeffer
8 - 10 kleine Lauchzwiebeln
3 EL Butter
Wasser, 200 ml trockener Weißwein
Soße:
4 Tomaten
4 EL Öl
Saft einer Zitrone
Salz, Pfeffer, Thymian
frischer Basilikum

- Inzwischen die Soße vorbereiten. Hierzu die Tomaten heiß überbrühen, häuten und in feine Würfel schneiden. Das Öl in einem kleinen Topf erhitzen, die Tomatenwürfel darin kurz andünsten, mit Zitronensaft sowie Salz, Pfeffer und Thymian abschmecken.

- Die Fischfilets mit den Zwiebeln anrichten, etwas Weinsud und Tomatensoße daraufgeben und mit Basilikum garniert servieren.

Beilagen:
Butterreis, Salat

Überbackene Seefelchen auf Gemüse

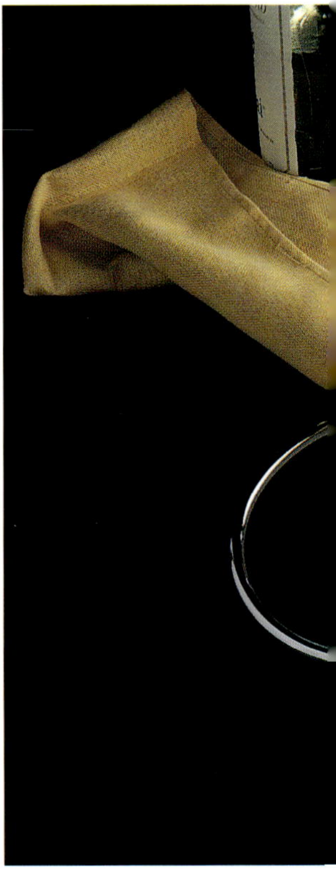

150 g grüne Erbsen
100 g gelbe Rüben (Möhren)
100 g Karfiol (Blumenkohl)
200 g frische Schwammerl (Champignons)
3 EL Butter
Salz, Pfeffer, Cayennepfeffer
frische Petersilie
1/16 l trockener Weißwein
1 EL Butter für die Form
4 Seefelchenfilets à ca. 150 g
Zitronensaft
100 ml süßer Rahm (Sahne)
100 g geriebener Käse, z.B. Emmentaler
30 g Butter

● Die verschiedenen Gemüsesorten putzen, nach Bedarf schälen, zerkleinern und waschen. In heißer Butter kurz andünsten, kräftig würzen und unter Zugabe von Weißwein in etwa 15 Minuten garkochen. Zwischendurch umrühren.

● Eine Auflaufform mit Butter einfetten. Das Backrohr auf 200 - 220°C vorheizen.

● Die Seefelchenfilets kurz kalt abspülen, mit Küchenpapier trockentupfen, mit Zitronensaft beträufeln und salzen.

● Das Gemüse in die vorbereitete Form geben und die Seefelchenfilets darauflegen.

● Rahm, geriebenen Käse, Pfeffer und Cayennepfeffer verrühren. Über die Fische in die Form geben. Mit Butterflöckchen belegen.

● Im heißen Backrohr in etwa 20 Minuten goldbraun zubereiten.

Beilage:
Gedünstete Erdäpfel (Kartoffeln)

Lavanttaler „Leberlan“

- 2 größere Schweinenetze, Wasser
- Germteig:
- 400 g Mehl, 20 g Germ (Hefe)
- gut 1/8 l lauwarmes Wasser oder Milch
- 1/2 TL Salz, gem. Kümmel
- Füllung:
- 200 g gekochtes oder gebratenes Schweinefleisch, z. B. von der Schulter
- 200 g gekochte Lunge
- 100 g rohe Rinds- oder Schweineleber
- 1 Ei
- 1 feingehackte Zwiebel
- 1 Knoblauchzehe
- 1/2 TL Basilikum
- 1/4 TL Majoran
- etwas Rosmarin und Minze
- Salz, Pfeffer
- Semmelbrösel nach Bedarf
- Butter für die Form

● Die Schweinenetze in kaltes Wasser legen. Für den Germteig das Mehl in eine Schüssel sieben. In die Mitte eine Vertiefung eindrücken, Germ zerbröckeln, hinzugeben und mit etwas warmem Wasser oder Milch verrühren. Dieses „Dampfl“ zugedeckt an einem warmen Ort ca. 20 - 30 Minuten gehen lassen.

● Inzwischen die Füllung vorbereiten. Hierzu das Fleisch und die Innereien fein faschieren. Ei, feingehackte Zwiebel, gepreßten Knoblauch und Gewürze sowie Salz und Pfeffer hinzufügen. Alles gut vermischen und bei Bedarf noch Semmelbrösel dazugeben. Aus der Masse marillengroße Kugeln formen.

● Zum „Dampfl“ Salz und Kümmel sowie das restliche Wasser oder die Milch dazugeben. Zu einem geschmeidigen Teig verarbeiten, der sich gut vom Schüsselrand lösen sollte. Hierzu am besten die Küchenmaschine oder den Elektroquirl einsetzen.

● Den Teig zu einer dicken Rolle von etwa 6 cm ⌀ formen. Davon fingerbreite Scheiben abschneiden, diese auseinanderdrücken, die Fleischfülle daraufgeben, den Teig darüberziehen und daraus faustgroße Knödel formen. Nochmals 15 - 20 Minuten gehen lassen.

● Die Schweinenetze aus dem Wasser nehmen, abtropfen lassen und mit Küchenpapier trockentupfen und in kleinere Stücke zerteilen.

● Die Knödel damit locker umwickeln und nebeneinander in eine gefettete Bratreine legen.

● Bei 200 - 220°C in etwa 30 - 40 Minuten im Backrohr knusprig braun backen.

Beilagen:
Zottlkraut oder Salat

Unser Tip:
Sollten Sie kein Schweinenetz zur Hand haben, so bestreichen Sie die Knödel während der Backzeit rundum mehrmals mit flüssiger Butter.

„Frigga"

400 - 500 g Selchspeck	Salz, Pfeffer
1 EL Butterschmalz	Schwarzbrotscheiben
150 g Emmentaler Käse	4 Eier nach Belieben

● Den Speck in dicke Scheiben schneiden. Etwas Butterschmalz in eine große Pfanne geben und den Speck darin von beiden Seiten ausbraten.

● Inzwischen den Emmentaler etwa 1/2 cm dick aufschneiden, über die Speckscheiben geben und würzen. Sobald der Käse zu zerlaufen beginnt, die Pfanne von der Kochstelle nehmen

Auf Schwarzbrotscheiben anrichten und sofort servieren.

Beilage:
Zottlkraut oder Salat, auch Krautsalat

Interessant für Sie:
Die „Frigga" ist vor allem im Gailtal ein beliebtes Gericht, das gerne zum Frühstück oder Mittagessen serviert wird. Gut passen auch gebratene Eier dazu.

Herzhaftes Schöpsengulasch

1 kg mageres Schöpsenfleisch (Hammelfleisch)	1/2 TL gem. Kümmel
500 g Zwiebeln	Salz, Pfeffer
60 g Butterschmalz	1 EL Paradeismark (Tomatenmark)
2 EL Paprikapulver	2 Knoblauchzehen
etwa 3/4 l Fleischsuppe	1 kleine rote Paprikaschote
etwas Majoran	1 EL Mehl, kaltes Wasser

● Das Schöpsenfleisch kurz kalt abspülen, mit Küchenpapier trockentupfen und in gleich große Würfel schneiden. Die Zwiebeln schälen und fein hacken. Das Butterschmalz in einem größeren Topf erhitzen und die Zwiebeln darin goldbraun rösten. Das Paprikapulver darüberstreuen und mit etwas Fleischsuppe aufgießen.

● Das Schöpsenfleisch dazugeben und würzen. Zugedeckt bei niedriger Stufe etwa 1 1/2 Stunden schmoren lassen, dabei gelegentlich wenden und immer wieder etwas Fleischsuppe angießen.

● Etwa 20 Minuten vor Ende der Zeit das Paradeismark, die gepreßten Knoblauchzehen sowie die gewaschene und feingewürfelte Paprikaschote dazugeben. Mehl in kaltem Wasser anrühren und die Soße damit etwas abbinden. Nochmals abschmecken.

Beilagen:
Semmelknödel, Krautsalat

Saftig gebratene Kalbsnuß Kärntner Art

Abb. Titelseite

1 kg Kalbsnuß oder Kalbsrücken	1 kleine Zwiebel, geviertelt
300 g Kalbsknochen	1 gelbe Rübe (Möhre), grob geschnitten
Salz, weißer Pfeffer	3/4 l kräftige Fleischsuppe
je 1 Prise Salbei und Rosmarin	1 EL Weißwein
50 g Butterschmalz	2 EL Rahm (süße Sahne)
	10 g kalte Butter

● Das Backrohr auf 200 - 220°C vorheizen.

● Das Fleisch kurz kalt abspülen, mit Küchenpapier trockentupfen und von allen Seiten kräftig würzen.

● Das Butterschmalz in einer größeren Bratreine (emailliertes Bratgeschirr) erhitzen, das Fleisch darin rundum anbraten, gewaschene Knochen, vorbereitete Zwiebel und gelbe Rübe dazugeben und mitbräunen.

● Mit 1/4 l Fleischsuppe aufgießen und in das Rohr schieben. Nach etwa 30 Minuten wenden und die Hitze auf 180 - 200°C reduzieren. In 1 1/2 Stunden gar braten, dabei nach und nach weitere Flüssigkeit hinzugießen und das Bratenfleisch mehrmals mit der Soße begießen.

● Das Fleisch aus der Reine nehmen, den Bratensatz lösen und mit der restlichen Fleischsuppe oder etwas Wasser aufkochen. In einen Soßentopf abseihen. Mit Wein abschmecken, kurz einkochen, Rahm und Butter mit einem Schneebesen darunterschlagen. Abschmecken.

● Den Braten aufschneiden, mit etwas Soße begießen und die restliche Soße separat dazu servieren.

Beilagen:
Gefüllte Paradeiser (Tomaten), Zuckererbsen oder Salat und Semmelknödel

Lavanttaler Mostbraten

- 00 g geräucherter Speck
- 2 EL Butterschmalz
- kg Rindfleisch, z.B. vom Schlegel
- Salz, Pfeffer, Basilikum
- 2 Zwiebeln
- 3 - 4 gelbe Rüben (Möhren)
- 1/2 l Most (Apfelsaft)
- 1 Lorbeerblatt
- 3 - 4 zerstoßene Pfefferkörner
- 60 g frisch geriebener Kren

Den Speck würfeln und mit dem Butterschmalz in einer größeren Bratreine mit Deckel offen anrösten.

Das Fleisch kurz kalt abspülen, mit Küchenpapier trockentupfen und würzen. Von allen Seiten kräftig anbraten, dann geschälte, feingeschnittene Zwiebeln und gelbe Rüben dazugeben.

Mit Most ablöschen, Lorbeerblatt und Pfeffer hinzufügen.

Den Braten zugedeckt bei 200 - 220°C im heißen Backrohr etwa 1 Stunde lang braten, dann den Deckel abnehmen und weitere 20 - 30 Minuten offen braten lassen. Dabei mehrfach begießen.

● Den Bratensaft durchpassieren, mit geriebenem Kren mischen und über das aufgeschnittene Fleisch geben.

Beilagen:
Knödel oder gebratene Erdäpfel (Kartoffeln) und Blaukraut

Interessant für Sie:
Insbesondere das Lavanttal ist bekannt durch seinen reichen Obstanbau. Der Most ist hier nicht nur ein beliebtes Getränk, er wird vielfach auch zur Verfeinerung von Speisen verwendet.

Dämpffleisch mit Kräutersoße

1/2 kg Suppenknochen	1 Lorbeerblatt
1,5 kg Suppenfleisch vom Rind, z.B. Brust oder Hüfte bzw. ein Tafelspitzstück	Salz, Pfeffer, Muskat
1 Petersilienwurzel	Kräutersoße:
1 - 2 gelbe Rüben (Möhren)	1/4 l saurer Rahm (Sahne)
1/2 Sellerieknolle	2 EL Öl, 2 Knoblauchzehen
1 kleine Stange Lauch	1 EL geh. Petersilie
1 Knoblauchzehe	1 EL geh. Schnittlauch
2 kleine Zwiebeln	1/2 TL Kerbelkraut
	1/2 TL Estragon
	1/4 TL Salz, etwas Pfeffer

● Die Suppenknochen kräftig unter kaltem Wasser abbürsten und in einen großen Topf geben. Mit ausreichend Wasser bedecken, salzen und aufkochen lassen.

● Das Rindfleisch kurz kalt abspülen, in den Topf geben, nochmals aufkochen, den entstehenden Schaum mehrfach abheben und die Kochplatte herunterschalten.

● Petersilienwurzel, gelbe Rüben und Sellerie putzen, waschen, schälen und grob zerkleinern. Knoblauchzehen und Zwiebeln schälen und halbieren. Alle Gemüsezutaten mit dem Lorbeerblatt zum Fleisch geben und würzen. Eventuell nochmals abschäumen.

● Das Fleisch nun auf der niedrigen Stufe leicht „köchelnd" in ca. 1 1/2 Stunden garziehen lassen. Es ist fertig, wenn es sich mit einem spitzen Messer leicht einstechen läßt.

● Etwa 1/2 Stunde vorher die Kräutersoße zubereiten. Hierzu sauren Rahm mit Öl verrühren. Die Knoblauchzehen schälen und fein hakken oder durchpressen. Petersilie, Schnittlauch sowie die restlichen Kräuter dazugeben. Kräftig abschmecken und gut verrühren.

● Das Fleisch aus dem Topf nehmen und die Suppe durch ein feines Sieb passieren. Das Fleisch quer zur Faser aufschneiden, mit et-

was Suppe übergießen und mit der Kräutersoße anrichten. Die restliche Suppe verwendet man am besten für andere Speisenzubereitungen.

Beilage:
Gekochte Erdäpfel (Kartoffeln) oder Semmelknödel

Unser Tip:
Sie können das Fleisch auch in mehrere dicke Scheiben schneiden, einen Teil davon auf den Boden einer Bratreine mit Deckel legen, mit Öl beträufeln und mit Kümmel, Majoran, Thymian, gepreßtem Knoblauch sowie gehackter Zwiebel bestreuen. Dann legt man das restliche Fleisch darauf, gibt einige Spritzer Essig oder Weißwein darüber und setzt Butterflocken auf. Nun wird so viel Wasser angegossen, daß das Fleisch knapp bedeckt ist. Im geschlossenen Geschirr läßt man es dann 1 1/2 - 2 Stunden „dämpfen" und serviert die Kräutersoße separat dazu.

Maischl

1 - 2 Schweinenetze	Salz, Pfeffer
300 g Schweinslunge	2 Knoblauchzehen
200 g Schweineherz	Thymian, Majoran
300 g Schweinefleisch, z.B. von der Schulter	Basilikum
2 - 3 EL vorgekochte Rollgerste	etwas Fleischsuppe
	80 g Butterschmalz zum Braten

- Die Schweinenetze in kaltes Wasser legen.
- Lunge, Herz und Schweinefleisch kurz kalt abspülen, mit Küchenpapier trockentupfen und grob faschieren.
- Die Rollgerste dazugeben, würzen, geschälte und gepreßte Knoblauchzehen sowie die Kräuter beigeben (Basilikum soll vorschmekken). Unter langsamem Zugeben von etwas Fleischsuppe zu einer geschmeidigen Masse verarbeiten. Von Hand daraus kleine „Maischl" (Laibchen) formen.
- Die Schweinenetze aus dem Wasser nehmen, abtropfen lassen und etwas trockentupfen. In Stücke zerteilen und die Maischl damit umwickeln. Leicht andrücken.
- In heißem Butterschmalz von beiden Seiten ausbraten.

Beilage:
Gebratene Erdäpfel und saure Rüben

Kärntner Schweinsbraten

1,5 kg Schweinsbraten vom Schlegel oder aus der Schulter mit Schwarte	etwas Öl
Salz, Pfeffer	1 - 2 Tassen heiße Fleischsuppe oder heißes Wasser
2 Knoblauchzehen	1 - 2 EL Mehl
Kümmel, Thymian	saurer Rahm (Sahne) nach Belieben

● Das Backrohr auf 180 - 200 °C vorheizen. Den Braten kurz kalt abspülen und mit Küchenpapier trockentupfen. Die Schwarte mit einem scharfen Messer kreuzweise einschneiden.

● Salz, Pfeffer, geschälte und gepreßte Knoblauchzehen sowie Kümmel und Thymian mit etwas Öl mischen und das Fleisch von allen Seiten damit einreiben.

● In eine größere Bratreine legen und heiße Fleischsuppe oder heißes Wasser hinzufügen. Etwa 2 - 2 1/2 Stunden offen braten, dabei mehrfach begießen.

● Für die Soßenzubereitung den Braten aus der Reine nehmen, den Bratensatz mit etwas Wasser lösen, in einen Kochtopf füllen, in kaltem Wasser angerührtes Mehl einrühren, aufkochen lassen und nach Belieben mit saurem Rahm verfeinern. Separat zum Fleisch reichen.

Beilagen:
Semmelknödel und gelbe Rüben (Möhren) oder Zottlkraut (Sauerkraut)

Lammschlegelbraten

● Den Lammschlegel kurz kalt abspülen und mit Küchenpapier trockentupfen. Die Knoblauchzehen schälen und durchpressen, mit Salz, Pfeffer, Rosmarin, Öl und Senf verrühren und den Schlegel damit von allen Seiten einreiben.

● Das Backrohr auf 180 - 200°C vorheizen.

● Den Schlegel in einer großen Bratreine in heißer Butter anbraten, mit etwas Fleischsuppe ablöschen, in das Rohr schieben und in 1 1/2 - 2 Stunden fertig-

1 Lammschlegel (Keule) mit Knochen, etwa 2 kg
2 - 4 Knoblauchzehen
Salz, Pfeffer, Rosmarin
4 EL Öl
2 TL scharfer Senf
60 g zerlassene Butter
etwa 1/4 l heiße Fleischsuppe
80 - 100 ml süßer Rahm (Sahne)

braten. Zwischendurch begießen.

- Den Schlegel aus der Reine auf eine Platte geben und im abgeschalteten Rohr ruhen lassen.
- Den Bratensatz mit Wasser lösen, aufkochen und mit Rahm verfeinern. Abschmecken. Das Fleisch am Knochen entlang aufschneiden und die Soße separat dazu servieren.

Beilagen:
Erdäpfel, Erbsen oder Fisolen (grüne Bohnen)

Zottlkraut

500 g Zottlkraut (Sauerkraut), Wasser	50 g Butter oder Butterschmalz
2 - 3 Erdäpfel (Kartoffeln) in der Schale	Pfeffer

- Das Sauerkraut in wenig Wasser etwa eine Stunde lang weichdämpfen.
- Zwischendurch die gewaschenen, gebürsteten Erdäpfel darauflegen und mitgaren.
- Dann das Kraut in eine Schüssel geben, die Erdäpfel schälen, zerdrücken und mit dem Kraut vermischen. Butter oder Butterschmalz erhitzen und gleichmäßig unterrühren.
- Mit Pfeffer kräftig abschmecken.

Rahmkren

50 g frisch geriebener Kren (Meerrettich)	1/4 l saurer Rahm (Sahne)
1/2 EL Weinessig	1 Prise Zucker
	etwa 1/2 TL Salz

● Der frisch geriebene Kren wird zunächst mit Essig vermischt. Nach kurzem Durchziehen gibt man Rahm, Zucker und Salz dazu.

● Den Rahmkren servieren Sie am besten zu gekochtem Fleisch.

Eierkren

50 g frisch geriebener Kren (Meerrettich)	1/8 l Schlagobers (Schlagsahne)
1 EL Weinessig	1 1/2 EL Öl
4 hartgekochte Eier	Salz
1/8 l saurer Rahm (Sahne)	Pfeffer

● Den frisch geriebenen Kren zunächst mit Essig vermischen und etwas durchziehen lassen.

● Die Eier schälen, fein hakken und mit dem sauren Rahm, Schlagrahm, Öl sowie Gewürzen mischen. Die Kren-Essigmischung dazugeben und alles gut verrühren.

● Den Eierkren ißt man in Kärnten gerne zum Frühstück oder zur Jause.

Essigkren

50 g frisch geriebener Kren (Meerrettich)	1 EL Zucker, Salz, 1 EL Öl
	etwa 1/8 l Weinessig

● Den frisch geriebenen Kren mit Zucker, Salz, Essig und Öl vermischen und kurz durchziehen lassen.

● Der Essigkren paßt gut zu geselchtem und gebratenem Fleisch.

Bohnensalat

300 g gekochte Bohnen, z. B. Saubohnen	1 gehackte Zwiebel
3 - 4 EL Essig	1 kleine Knoblauchzehe
1/4 TL Salz, Pfeffer	50 g frisch geriebener Kren (Meerrettich)
4 EL Öl	50 g geselchter Speck

● Die vorgekochten Bohnen mit Essig, Gewürzen, Öl und gehackten Zwiebeln mischen. Geschälten, gepreßten Knoblauch dazugeben und gut unterrühren.

● Mindestens eine Stunde lang durchziehen lassen, dann den frisch geriebenen Kren und Speckwürfel hinzufügen, kurz unterrühren und servieren.

Unser Tip:
Anstelle von Essig und Öl können Sie den Bohnensalat auch mit Tomatenspalten oder Maiskörnern anrichten. Traditionell wird er aus über Nacht eingeweichten, im Einweichwasser gekochten Sau- oder Pferdebohnen zubereitet. In Kärnten gibt man zum Weichkochen immer „Saturei" (frisches Bohnenkraut) dazu, das den Bohnen einen intensiven Geschmack verleiht.

Interessant für Sie:
„Kärntner Wachteln" sind rotbraune Bohnen (im Bild rechts), die eingeweicht, mit Salz und Saturei weichgekocht und anschließend in heißem Schmalz angebraten werden. Zuletzt würzt man sie gerne noch mit reichlich Paprikapulver.

Abb. S. 42

Linsensalat

375 g Linsen, gewaschen, über Nacht in 1 1/2 l Wasser eingeweicht

Salz, 1 Lorbeerblatt

1 Knoblauchzehe

1 Zwiebel, geschält

1 - 2 EL Essig

4 - 5 EL Öl

Salz, Pfeffer, Cayennepfeffer

Thymian, Basilikum

125 g gewürfelter Speck nach Belieben

- Die Linsen im Einweichwasser aufkochen, Salz und Lorbeerblatt dazugeben und in etwa 1 Stunde langsam weichkochen.

- Abseihen, kurz kalt abspülen und auskühlen lassen.

- Für den Salat die Linsen mit geschältem, gepreßtem Knoblauch, gehackter Zwiebel, Essig, Öl, Gewürzen und Kräutern mischen. Nach Belieben feingewürfelten Speck daruntermischen.

- Vor dem Servieren etwa eine Stunde lang durchziehen lassen.

Abb. S. 43

Schwammerl mit Ei

- Die Schwammerl putzen, gründlich waschen und abtropfen lassen.
- Die Butter erhitzen, die Zwiebel darin glasig dünsten. Die Schwammerl dazugeben und im eigenen Saft in etwa 5 - 6 Minuten weichdünsten.

250 g Schwammerl, z. B. Eierschwammerl (Pfifferlinge)
30 g Butter
1 gehackte Zwiebel
4 Eier, 4 EL Milch
Salz, Pfeffer
1 Prise Muskat
Petersilie

- Eier mit Milch und Gewürzen verschlagen. Hierzu am besten den Elektroquirl einsetzen. Diese Mischung über die Schwammerl gießen und stocken lassen.
- Mit frisch gehackter Petersilie bestreut servieren.

Unser Tip:
Die Schwammerl mit Ei werden gerne mit einem Semmelknödel und grünem Salat serviert.

„Hadnsterz“ (Heidensterz)

400 g Heidenmehl (Buchweizenmehl), möglichst grob gemahlen

etwa 1/2 l Wasser

50 g Butter

1 TL Salz

● Das Heidenmehl über Nacht in einer großen Kasserolle an einem warmen Ort (z.B. im Backrohr) trocknen oder vor dem Kochen in einer großen Pfanne auf dem Herd trockenrühren (nicht rösten), bis alle restliche Feuchtigkeit entwichen ist.

● Das Wasser aufkochen, salzen und das Heidenmehl unter ständigem Rühren etwa 20 Minuten kochen lassen. Dann mit Hilfe einer Gabel krümelig auflockern. Der Sterz darf nicht klebrig oder mehlig, er sollte vielmehr locker und saftig zugleich sein.

● In einer Schüssel anrichten und mit zerlassener Butter übergießen.

Unser Tip:
Zum „Heidensterz“ paßt grüner Salat und ein Glas frische Buttermilch.

Erdäpfelsterz

500 g Erdäpfel (Kartoffeln)

Salzwasser

100 - 150 g Mehl, Salz

50 - 80 g Butter

● Die Erdäpfel in der Schale in reichlich gesalzenem Wasser garkochen, noch heiß schälen, etwas auskühlen lassen, dann reiben, mit Mehl mischen und salzen.

● Mindestens 30 Minuten rasten lassen, dann mit einer Gabel auflockern.

● Die Butter in einer großen Pfanne erhitzen und den

Sterz darin unter beständigem Wenden langsam goldbraun rösten. Vor dem Servieren nochmals lockern.

Unser Tip:
Der „Erdäpfelsterz“ kann mit geriebenem Käse bestreut und mit Salat serviert werden. Es paßt aber auch ein Obstkompott dazu.

„Plentnsterz“

3/4 l Wasser	400 - 500 g Maisgrieß
1 TL Salz	60 g Butter

● Das Wasser aufkochen, salzen und den Maisgrieß unter ständigem Rühren einlaufen lassen.

● Etwa 1/2 Stunde lang bei milder Hitze weiterkochen, bis sich der Sterz vom Topfrand ablöst. Dann mit Hilfe einer Gabel krümelig auflockern.

● In eine Schüssel geben und mit geschmolzener Butter übergossen heiß servieren.

Unser Tip:
Zum „Plentnsterz“ passen Speck- und Zwiebelwürfel. Man kann ihn jedoch auch überzuckert servieren und ein Obstkompott dazu reichen. In Kärnten trinkt man dazu ein Glas frische Milch.

Topfenschmarrn

- 250 g magerer Topfen (Quark)
- 2 Eidotter (Eigelb)
- 80 g Zucker
- abgeriebene Schale und Saft einer unbehandelten Zitrone
- 1/4 l sauren Rahm (Sahne)
- 1 Prise Salz
- 3 - 4 EL Mehl
- 2 Eiklar (Eiweiß)
- 120 - 150 g Butter zum Ausbacken
- 2 EL Staubzucker (Puderzucker) zum Bestreuen

● Den gut abgetropften Topfen in eine Rührschüssel geben. Eidotter, 40 g Zucker, Rahm, Salz und Zitronenschale sowie -saft dazugeben. Das Mehl darübersieben und alles gut verrühren. Dazu am besten einen Elektroquirl einsetzen.

● Eiklar halbsteif schlagen, den restlichen Zucker nach und nach einrieseln lassen, bis der Schnee steif ist. Sogleich unter die Topfenmasse heben.

● Die Hälfte der Butter in einer Pfanne zerlassen und etwa die Hälfte der Topfenmischung hineingeben. Bräunen lassen, wenden, etwas weiterbacken, dann mit Hilfe von zwei Gabeln in Stücke zerteilen. Fertigbacken. Die restliche Teigmenge genauso zubereiten.

● Den Topfenschmarrn auf einer vorgewärmten Platte anrichten und mit reichlich Staubzucker bestreut servieren.

Unser Tip:
Zum „Topfenschmarrn“ paßt am besten eine Frucht- oder Schokoladensoße.

Eierschmarrn

- 200 g Mehl
- 1/4 l Milch
- 1 Prise Salz
- 2 EL Staubzucker (Puderzucker)
- 1 Pa. Vanillezucker
- abgeriebene Schale 1/2 ungespritzten Zitrone
- 50 - 60 g Butter oder Butterschmalz
- 50 - 60 g Weinbeeren (Rosinen) nach Belieben
- 40 g blättrig geschnittene Mandeln nach Belieben
- Staubzucker (Puderzucker) zum Bestreuen

● Gesiebtes Mehl, Milch, Salz, Staubzucker, Vanillezucker und abgeriebene Zitronenschale verrühren. Dazu am besten den Elektroquirl einsetzen. Nach und nach die Eier dazugeben und weiterrühren.

● Etwa 20 - 30 Minuten rasten lassen.

● In einer größeren Pfanne Butter oder Butterschmalz erhitzen, den Teig hineingeben, nach Belieben gewaschene, gut abgetropfte Weinbeeren sowie Mandeln darauf verteilen.

● Auf einer Seite goldgelb backen, wenden, noch etwas backen lassen, dann mit Hilfe von zwei Gabeln in kleine Stücke zerteilen und unter weiterem Wenden fertigbacken.

● Mit reichlich Staubzucker bestreut sofort servieren.

Metnitztaler Schmalzmus

250 g Mehl
1/2 TL Salz
1 - 2 Eier
5 - 7 EL süßer Rahm (Sahne)
3/4 l Milch
1/2 TL Salz
100 g Butterschmalz
100 g Weinbeeren (Rosinen)
40 g Zucker
1 TL Zimt, mit 30 g Zucker gemischt

● Mehl, Salz, Eier und Rahm mischen. Zu einem glatten, nicht zu festen Teig verkneten. Diesen 1/2 Stunde lang rasten lassen, dann dünn auf einem bemehlten Backbrett ausrollen und zu feinen „Teiggerstl'n" zerhacken. Lockern und etwas antrocknen lassen.

● Milch, Salz und Butterschmalz in einer weiten Kasserolle oder einer größeren Pfanne aufkochen.

Die „Gerstl" einrühren und zugedeckt bei schwacher Hitze etwa eine Stunde lang garziehen lassen. Gelegentlich umrühren.

● Nach der Hälfte der Zeit gewaschene, gut abgetropfte Weinbeeren und den Zucker unterziehen. Gegen Ende den Deckel abheben. Das Mus ist fertig, wenn die Flüssigkeit eingekocht ist.

● Mit Zimtzucker bestreut servieren.

Interessant für Sie:
Im Metnitztal ist das Schmalzmus eine typische Kirchtagsspeise. Auch zu Hochzeiten wird es gerne serviert. Dazu trinkt man einen kräftigen Milchkaffee.

Apfelschmarrn

250 g Mehl	1 EL Zitronensaft
etwa 3/8 l Milch	60 - 80 g Butter oder Butterschmalz
1/4 TL Salz, Zucker	2 EL Zucker, mit 1/2 TL Zimt gemischt, zum Bestreuen
4 Eidotter (Eigelb)	
ca. 300 g Äpfel	

● Mehl, Milch, Salz und Zucker verrühren. Dazu am besten den Elektroquirl einsetzen. Nach und nach die Eidotter dazugeben und weiterrühren. Etwa 10 Minuten rasten lassen.

● Inzwischen die Äpfel schälen, vierteln, vom Kerngehäuse befreien und in dünne Spalten schneiden. In eine Rührschüssel geben und mit Zitronensaft beträufeln. Gut durchmischen.

● Die Eiklar unter Zugabe von etwas Zitronensaft sehr steif schlagen und unter die Teigmasse heben.

● In einer größeren Pfanne ein wenig Butter oder Butterschmalz erhitzen, etwa ein Viertel der Teigmasse hineingeben, einige Apfelspalten darauflegen und von beiden Seiten ausbacken.

● Nach Belieben zerteilen oder im Ganzen, mit Zimtzucker bestreut, servieren.

● Nacheinander den gesamten Teig ausbacken. Warm servieren.

Die
BUTTERSCHMALZ
Küche

Fleischnudeln

Nudelteig:	
250 g Mehl	250 g faschiertes Selchfleisch (geräuchertes Schweinefleisch)
1 TL Salz	Salz, Pfeffer
1 Ei	je 1/4 TL Basilikum, Thymian und Majoran
6 - 8 EL Milch oder Wasser	etwa 50 g Semmelbrösel
Füllung:	
1 Zwiebel	1 Eiklar (Eiweiß)
1 Knoblauchzehe	2 - 3 l Salzwasser zum Kochen
30 g Butter	
1/2 Stange Lauch (Porree)	

● Mehl, Salz, Ei und Milch oder Wasser zu einem glatten, nicht zu festen Nudelteig verkneten. Mindestens 30 Minuten rasten lassen.

● Inzwischen die Füllung vorbereiten. Hierzu Zwiebel und Knoblauch schälen und fein hacken. In heißer Butter anrösten, den geputzten, kleingeschnittenen Lauch dazugeben und mitdünsten lassen. Selchfleisch hinzufügen und mitbraten. Würzen und etwas abkühlen lassen. Mit Semmelbröseln und Eiklar binden.

● Den Nudelteig auf bemehlter Arbeitsfläche dünn ausrollen. 8 gleichgroße Teigplatten ausradeln. Die Fleischfüllung darauf verteilen und mit dem Teig umhüllen. Am Rand festdrükken. Die Fleischnudeln sollten dann etwa eigroß sein.

● Reichlich Salzwasser erhitzen, die Fleischnudeln hineingeben, die Kochstelle herunterschalten und die Nudeln in etwa 15 Minuten garziehen lassen.

● Mit Hilfe einer Schaumkelle herausheben und auf eine Platte geben.

Unser Tip:
Zu den Fleischnudeln paßt Sauerkraut oder grüner Salat. Auch in einer klaren Fleischsuppe kann man sie servieren.

Kärntner Kasnudeln

Teig:	2 - 3 EL Rahm (saure Sahne)
300 g Mehl, 1 Ei, Salz	2 EL gehackte Kräuter, z. B. Petersilie, Kerbel, Pfefferminz
etwas Wasser, Öl	Pfeffer, Muskatnuß, 1 Eiklar
Füllung:	70 g Butter
150 g mehlige Erdäpfel	gehackte Petersilie
300 g Topfen (Quark)	

● Mehl, Ei, Salz, etwas Wasser und Öl zu einem nicht zu weichen Nudelteig verkneten. Ca. 30 Minuten rasten lassen.

● Die weichgekochten, abgeschälten Erdäpfel durchpressen und mit dem abgetropften Topfen, Rahm, Kräutern und Gewürzen gut verrühren. Den Nudelteig dünn ausrollen.

● Runde Kreise von ca. 8 - 10 cm ausstechen, auf jeden einen Eßlöffel der Füllung geben, die Ränder mit Eiklar bestreichen, umklappen und am Rand festdrücken.

● In reichlich kochendem Salzwasser etwa 10 - 15 Minuten garen, herausheben, abtropfen lassen, mit angebräunter Butter übergießen. Mit Petersilie bestreuen.

Mohnnudeln

● Die in der Schale gekochten Erdäpfel noch heiß abschälen und durchpressen. Abkühlen lassen. In eine Rührschüssel geben. Salz, Mehl, Grieß, Butter, Eidotter und abgeriebene Zitronenschale dazugeben. Zu einem geschmeidigen Teig verarbeiten und diesen etwa 30 Minuten rasten lassen.

● Den Teig zu einer dicken Rolle formen, davon 1/2 cm dicke Scheiben abschneiden und diese wiederum zu 8 - 10 cm langen, spitz auslaufenden „Nudeln" formen.

● Reichlich gesalzenes Wasser erhitzen, die Nudeln hineingeben, die Kochstelle herunterschalten und die

400 g mehlige Erdäpfel (Kartoffeln), vorgekocht
Salz
150 - 200 g Mehl
30 - 40 g feiner Grieß
30 - 40 g weiche Butter
2 Eidotter (Eigelb)
etwas abgeriebene Schale 1/2 unbehandelten Zitrone
2 - 3 l Salzwasser zum Kochen
30 - 50 g geschmolzene Butter
Soße:
1/4 l Wasser
100 g gemahlener Mohn
175 g Zucker
1/2 TL Zucker

Nudeln in 10 - 12 Minuten langsam garziehen lassen.

● Für die Soße das Wasser mit dem Mohn, dem Zucker sowie dem Zimt aufkochen und bei schwacher Hitze 5 - 10 Minuten köcheln lassen. Gelegentlich umrühren.

● Die Nudeln mit Hilfe einer Schaumkelle herausheben, auf eine Platte geben und mit der geschmolzenen Butter übergießen. Etwas Mohnsoße darüber verteilen und die restliche Soße separat dazu servieren.

Kletzennudeln

Nudelteig:
- 250 g Mehl
- 1 TL Salz
- 1 Ei
- 6 - 8 EL Milch oder Wasser

Kletzenfülle:
- 400 - 500 g getrocknete Kletzen (Birnen), über Nacht in Wasser eingeweicht
- etwa 1 l Wasser
- 300 g Topfen (Quark)
- 1/4 TL Salz
- 1/2 - 1 TL Zimt
- 1 Prise Nelkenpulver
- 1 - 2 EL Honig oder Zucker
- 2 - 3 l Salzwasser zum Kochen
- 50 g Butter

● Mehl, Salz, Ei und Milch oder Wasser mischen und zu einem glatten, nicht zu festen Nudelteig verkneten. Mindestens eine Stunde lang rasten lassen.

● Inzwischen die Fülle vorbereiten. Hierzu die eingeweichten Kletzen im Einweichwasser weichkochen. Gut abtropfen lassen, Stiele und Blütenansätze abschneiden und die Früchte sehr fein zerhacken oder faschieren. Mit abgetropftem Topfen, Salz, Zimt, Nelkenpulver und Honig oder Zukker zu 16 kleinen Kugeln verkneten.

● Den Nudelteig auf bemehlter Arbeitsfläche ca. 1/2 cm dick ausrollen. 16 gleich große Teigplatten ausradeln. Die Kletzenkugeln mit dem Teig einhüllen und am Rand fest zusammendrücken.

● Reichlich Salzwasser erhitzen, die Kletzennudeln hineingeben, die Kochstelle herunterschalten und die Nudeln in etwa 10 - 15 Minuten garziehen lassen. Inzwischen die Butter erhitzen.

● Die Nudeln mit Hilfe einer Schaumkelle herausheben, auf eine Platte geben und mit der geschmolzenen Butter übergießen. Sofort servieren.

Unser Tip:
Zu den Kletzennudeln paßt am besten ein Apfelkompott.

„G'schnittene Nudln" (Bandnudeln)

300 g Mehl	ca. 3 l Salzwasser zum Kochen
1 kräftige Prise Salz	50 g Butter
1 Ei, etwa 1/8 l Wasser	

● Mehl, Salz, Ei und Wasser zu einem glatten Nudelteig verkneten und etwa 30 Minuten lang rasten lassen. Auf einem bemehlten Nudelbrett 2 - 3 mm dick ausrollen und etwa 1 Stunde lang übertrocknen lassen.

● Anschließend den Teig in 5 - 7 cm breite Streifen schneiden, diese übereinanderlegen und zu breiteren Bandnudeln zerteilen.

● Reichlich Salzwasser erhitzen, die Nudeln einlegen und etwa 10 Minuten lang kochen.

● Abseihen und mit geschmolzener Butter anrichten.

Erdäpfelknödel

500 g mehlige Erdäpfel (Kartoffeln), frisch gekocht	80 - 100 g Mehl
1 TL Salz, 1/4 TL Muskat	1 Ei oder 2 Eidotter (Eigelb)
1/4 TL gemahlener Kümmel	20 - 30 g Butter nach Belieben
50 - 60 g feiner Grieß	3 l Salzwasser zum Kochen

● Die in der Schale gekochten Erdäpfel noch heiß abschälen und durchpressen. Dann mit den Gewürzen und dem Grieß mischen. Abkühlen lassen.

● Mehl und Ei oder Eidotter gleichmäßig darunterkneten.

● Reichlich Salzwasser erhitzen, aus der Kartoffelmasse mit nassen Händen etwa 8 Knödel formen, in das heiße Wasser geben, die Kochstelle herunterschalten und die Knödel in etwa 10 - 15 Minuten – je nach Größe – garziehen lassen.

● Mit Hilfe einer Schaumkelle herausheben und sofort servieren.

Germkrapfen mit Zwetschkenfülle

500 g Mehl	125 g weiche Butter
40 g Germ (Hefe)	ca. 500 g Butterschmalz zum Ausbacken
80 - 100 g Zucker	4 - 6 EL Zwetschken-Marmelade zum Füllen
1 Pa Vanillezucker, Salz	Staubzucker (Puderzucker) zum Bestreuen
etwa 1/4 l lauwarme Milch	
2 - 3 Eidotter (Eigelb)	

● Das Mehl in eine größere Rührschüssel sieben, in die Mitte eine Vertiefung eindrücken, Germ zerbröckeln, hinzugeben und mit etwas Milch und Zucker verrühren. Dieses „Dampfl" zugedeckt an einem warmen Ort ca. 20 - 30 Minuten gehen lassen.

● Die restliche Milch, den restlichen Zucker, Vanillezucker, Salz, Eidotter und weiche Butter hinzugeben. Alles zu einem geschmeidigen Teig verarbeiten, der sich gut vom Schüsselrand lösen sollte. Hierzu am besten die Küchenmaschine oder den Elektroquirl einsetzen.

● Den Teig auf bemehlter Arbeitsfläche ca. 2 cm dick ausrollen, mit einem Glas Kreise von etwa 8 cm Durchmesser ausstechen und mit einem trockenen Tuch zugedeckt nochmals 15 - 20 Minuten gehen lassen.

● Das Butterschmalz erhitzen, die Teigkreise vorsichtig hineingeben und von jeder Seite etwa 3 Minuten goldbraun backen lassen. Dabei ein- oder mehrmals wenden.

● Die fertigen Krapfen mit Hilfe einer Schaumkelle vorsichtig aus dem heißen Fett heben und auf Küchenpapier abtropfen lassen.

● Ausgekühlt mit Zwetschken-Marmelade füllen. Hierzu am besten eine Krapfenspritztülle einsetzen. Mit Staubzucker bestreut servieren.

Interessant für Sie:
In Kärnten nennt man die Krapfen auch „Plattlan".

Wird das Gebäck vor dem Backen von Hand auseinandergezogen, so erhält man die „Zugkrapfen", auch „Zugplattlan" genannt. Traditionell verwenden die Kärntner Bäuerinnen ein eigenes Backschmalz, „Bachet" genannt. Das ist eine Mischung aus Rinder- und Butterschmalz sowie Öl. Mehlspeisen gelingen darin besonders knusprig, da sie nicht so viel Fett aufsaugen. Das Bachet wird auch für andere Speisen, beispielsweise zum Braten von Fleisch, verwendet.

Kärntner Reindling

Teig:	120 g weiche Butter
500 g Mehl	Füllung:
40 g Germ (Hefe)	50 g Butter
60 - 80 g Zucker	100 g Zucker
1 Pa. Vanillezucker, Salz	1 EL Zimt
etwa 1/4 l lauwarme Milch	100 g Weinbeeren (Rosinen)
2 - 3 Eier	50 g Butter für die Form

● Das Mehl in eine größere Schüssel sieben, in die Mitte eine Vertiefung eindrücken, Germ zerbröckeln, hinzugeben und mit etwas Milch sowie Zucker verrühren.

● Dieses „Dampfl" zugedeckt an einem warmen Ort ca. 20 - 30 Minuten gehen lassen.

● Die restliche Milch, den restlichen Zucker, Vanillezucker, Salz, Eier und weiche Butter hinzugeben und alles zu einem geschmeidigen Teig verarbeiten, der sich gut vom Schüsselrand lösen sollte. Hierzu am besten die Küchenmaschine oder den Elektroquirl einsetzen.

● Den Teig auf bemehlter Arbeitsfläche ca. 2 cm dick ausrollen und mit einem trockenen Küchentuch abdecken.

● Für die Fülle die Butter zerlassen und die Teigoberfläche damit bestreichen. Zucker mit Zimt mischen und darüberstreuen. Die Weinbeeren waschen, mit Küchenpapier trockentupfen und gleichmäßig auf dem Teig verteilen.

- Nun den Teig fest einrollen und in eine gut gefettete Reine (emaillierte Bratform) oder besser in eine gefettete Gugelhupfform geben.

- Nochmals 15 - 20 Minuten gehen lassen, dann im vorgeheizten Backrohr bei 170 - 180°C in 50 - 60 Minuten backen.

- In der Form ausdampfen lassen, rundum lockern, dann stürzen.

Interessant für Sie:
Der „Kärntner Reindling" ist heute ein beliebtes Frühstücks- und Jausengebäck, zu dem man gerne einen kräftigen Milchkaffee trinkt. Der Name „Reindling" (oftmals auch „Reinling" genannt) stammt wohl von der Backform, dem „Reindl" („Reine") ab, einer eher flachen Form, in der das Gebäck traditionell abgebakken wird.
Früher wurde er zu allen Festtagen im Jahreslauf serviert. Auch kennt man ihn in Kärnten vielerorts als „Hochzeitsreindling". Er wird mit bunten Bändern geschmückt, mit Nüssen und gedörrten Zwetschken oder Kletzen umlegt und auf einem großen Teller aufgetragen.

Kärntner Semmelknödel

- 8 - 10 altbackene Semmeln
- Salz, Pfeffer
- etwa 3/8 l lauwarme Milch
- 2 - 3 EL gehackte Zwiebeln
- 1/2 Bund gehackte Petersilie
- 2 TL gehacktes Selleriegrün
- 50 g Butter
- 4 - 5 Eier
- 1 - 2 EL Mehl
- Semmelbrösel bei Bedarf
- 3 l Salzwasser zum Kochen

● Die Semmeln kleinschneiden, in eine Rührschüssel geben, würzen, mit der Milch anfeuchten, zudecken und mindestens 30 Minuten lang durchziehen lassen. Dabei gelegentlich umrühren.

● Zwiebeln, Petersilie und Selleriegrün in heißer Butter andünsten und zu den Semmeln geben.

● Eier mit Mehl verschlagen, hinzufügen und die Masse zu einem geschmeidigen Teig verkneten.

● Etwa 20 Minuten lang rasten lassen. Sollte der Teig dann noch zu weich sein, Semmelbrösel nach und nach daruntermischen.

● Reichlich Salzwasser erhitzen, aus der Masse mit nassen Händen Knödel formen, in das heiße Wasser geben, die Kochstelle herunterschalten und die Semmelknödel in etwa 15 - 20 Minuten – je nach Größe – garziehen lassen.

● Mit Hilfe einer Schaumkelle herausheben, abtropfen und sofort servieren.

Unser Tip:
Semmelknödel passen zu allen Fleischgerichten, aber auch zu gedünsteten Schwammerln mit Soße.

Lavanttaler Apfelknödel

4 Äpfel (ca. 500 g)	Salzwasser zum Kochen
1/4 TL Salz	60 g Butter
1 Ei	60 g Zucker
ca. 150 g Mehl	1 TL Zimt

● Die Äpfel schälen, vierteln, vom Kerngehäuse befreien und sehr kleinwürfelig schneiden oder grob raspeln. Mit Salz, versprudeltem Ei und gesiebtem Mehl gut vermischen.

● Solange kneten, bis ein gut formbarer Teig entsteht. Diesen mindestens 1 Stunde lang rasten lassen.

● Reichlich Salzwasser erhitzen.

● Aus der Teigmasse mit nassen Händen Knödel formen, diese in das heiße Wasser einlegen, die Kochstelle herunterschalten und die Apfelknödel in 10 - 15 Minuten – je nach Größe – garziehen lassen. Gut abseihen.

● Butter schmelzen, mit Zucker und Zimt verrühren. Die Apfelknödel damit überziehen und sofort servieren.

Unser Tip:
Zu den Lavanttaler Apfelknödeln paßt sehr gut der „Grantnschleck“ (Rezept Seite 77).

Hollerstrauben im Backteig

8 mittelgroße, frische Hollerstrauben (Holunderblüten)

Backteig:

150 g Mehl

1 EL Zucker

1 Prise Salz

20 g Öl

2 Eier

1/8 l Milch

Backfett zum Ausbacken, Zucker und Zimt zum Bestreuen

- Die Hollerstrauben mehrmals in warmem Wasser schwenken, gut abtropfen lassen und mit Küchenpapier trockentupfen.
- Für den Backteig alle Zutaten zu einem nicht zu festen Teig verrühren. Hierzu am besten den Elektroquirl einsetzen. Etwa 1/2 Stunde lang rasten lassen.
- Das Backfett erhitzen.
- Die Blüten am Stiel anfassen, in den Backteig eintauchen, etwas abtropfen lassen und sofort in das heiße Backfett eintauchen. Goldgelb ausbacken, über einem Sieb abtropfen. Mit Zimt und Zucker bestreut anrichten.

Kirschmandeltascherln

Teig:

400 g mehlige Erdäpfel (Kartoffeln)

1 Prise Salz

120 g Mehl

30 g feiner Grieß

30 g weiche Butter, 2 Eidotter (Eigelb)

abgeriebene Schale 1/2 ungespritzten Zitrone

Füllung:

250 g reife Kirschen

100 g Zucker, Wasser

30 g Butter

2 TL Mehl, Milch

1 Eiklar (Eiweiß), 50 g Butter

3 - 5 EL Semmelbrösel

1 EL Staubzucker (Puderzucker)

- Die Erdäpfel in der Schale kochen, noch heiß schälen und durchpressen. Abkühlen lassen. In eine Rühr-

schüssel geben, Salz, Mehl, Grieß, Butter, Eidotter und abgeriebene Zitronenschale hinzufügen. Alles zu einem geschmeidigen Teig verarbeiten. Etwa 30 Minuten lang rasten lassen.

● Die Kirschen waschen, entsteinen und mit Zucker sowie etwas Wasser aufkochen. Mehl in heißer Butter anschwitzen, etwas Milch dazugeben. Einkochen lassen. Den Kirschbrei damit abbinden, dann abkühlen lassen.

● Den Erdäpfelteig auf einem bemehlten Backbrett ausrollen, ca. 8 cm große Kreise ausstechen und die Ränder mit Eiklar bestreichen. Mittig 1 Teelöffel der Kirschmasse auftragen, umklappen und am Rand fest andrücken.

● 2 Liter leicht gesalzenes Wasser erhitzen, die Tascherln vorsichtig hineingeben, die Kochstelle herunterschalten und die Tascherln etwa 8 - 11 Minuten garziehen lassen.

● Mit Hilfe einer Schaumkelle herausheben und abtropfen lassen. In mit Butter gerösteten Semmelbröseln wälzen. Mit Staubzucker bestreut servieren.

Kärntner Kletzenbrot

800 g getrocknete Kletzen (Birnen)	120 g Sauerteig oder 70 g Germ (Hefe)
200 g getrocknete Feigen	1 TL Salz
1 - 1 1/2 l Wasser	1 TL Zimt
150 g Walnüsse	je 1 Prise gemahlenes Nelkenpulver und Anis
100 g Haselnüsse	Butter für das Backblech
2 - 3 EL Rum	
500 - 600 g Roggenmehl	

● Kletzen und Feigen über Nacht in Wasser einweichen. Abtropfen lassen, dabei das Einweichwasser auffangen. Von den Kletzen Stiele und Blütenansätze abschneiden. Beide Früchte zerkleinern oder faschieren.

● Die Nüsse grob hacken oder halbieren. Mit dem Rum mischen.

● Aus Roggenmehl, Sauerteig oder Germ, den Gewürzen und etwa 1/4 l des lauwarm erwärmten Einweichwassers einen nicht zu festen Teig zubereiten.

● Etwa 30 - 40 Minuten zugedeckt an einem warmen Ort aufgehen lassen. Kletzen, Feigen und die Nußmischung in den Teig einarbeiten.

● Nochmals gehen lassen.

● Das Backrohr auf 150 - 170°C vorheizen.

● Aus dem Teig einen länglichen Laib formen, auf das gefettete Backblech geben und etwa 1 1/2 Stunden backen. Gut auskühlen lassen.

Kärntner Lebkuchen

280 g Roggenmehl	50 g feingeschnittenes Zitronat
180 g Zucker	50 g feingeschnittenes Aranzini (Orangeat)
70 g warmer Honig	2 - 3 EL Rum
1 gestr. EL Natron oder Backpulver	Butter für das Backblech, Zuckerglasur zum Bestreichen
1 TL Lebkuchengewürz	
1 TL Zimt	
50 g Weinbeeren (Rosinen)	

● Roggenmehl, Zucker, Honig, Natron oder Backpulver, Lebkuchengewürz sowie Zimt verrühren. Gewaschene, gut abgetropfte Weinbeeren, Zitronat, Aranzini und Rum dazugeben. Alle Zutaten zu einem geschmeidigen Teig verkneten.

● Das Backrohr auf 180 - 200°C vorheizen.

● Den Teig auf dem gut gefetteten Backblech verstreichen und in 30 - 40 Minuten backen.

● Nach dem Herausnehmen mit Zuckerglasur bestreichen, dekorieren und dann gut auskühlen lassen.

Zwetschkenfleck

Teig:

Zutaten wie für den „Reindling"

Belag:

1 kg frische Zwetschken (Pflaumen)

50 g Butter oder Margarine für das Backblech

100 g Zucker zum Bestreuen

● Den Germ-(Hefe-)Teig, wie im Rezept „Reindling" beschrieben, zubereiten und gehen lassen.

● Inzwischen die Zwetschken waschen, abtropfen lassen, halbieren und entsteinen.

● Das Backblech einfetten und das Backrohr auf 180 - 220°C vorheizen.

● Den Germteig auf dem vorbereiteten Blech ausrollen, mit einer Gabel mehrmals einstechen und bei Verwendung von sehr viel reifen Zwetschken mit Semmelbröseln bestreuen. Die Früchte eng nebeneinander auf dem Teig verteilen.

● Nochmals 10 - 15 Minuten gehen lassen, dann im heißen Backrohr in 40 - 55 Minuten abbacken.

● Auf einem Gitter auskühlen lassen und noch warm mit Zucker bestreuen.

Nuß-Potitze

Teig:

- 40 g Germ (Hefe)
- 200 ml lauwarme Milch
- 75 - 80 g Zucker
- 500 - 600 g Mehl
- 1 Prise Salz
- 100 g weiche Butter oder Margarine
- 1 Ei

Füllung:

- 60 g Zucker, 20 g Honig
- 1/8 l Milch
- 150 g gemahlene Haselnüsse
- 250 g Kuchenbrösel
- abgeriebene Schale einer unbehandelten Zitrone
- 2 EL Rum
- 1 Pa Vanillezucker
- 50 g weicher Nougat
- 1/2 TL Zimtpulver
- 1/2 TL Nelkenpulver
- 80 g Weinbeeren (Rosinen)

Zum Bestreichen:

- 1 Eidotter (Eigelb)
- 1 - 2 EL lauwarmes Wasser

● Den Germ in die warme Milch bröckeln, etwas verteilen, 1 TL Zucker dazugeben und gut durchrühren. Zugedeckt an einem warmen Ort, zum Beispiel im Backrohr — etwa 15 - 20 Minuten — gehen lassen.

● In eine zweite Rührschüssel den restlichen Zucker, das gesiebte Mehl, Salz, die weiche Butter und das Ei geben. Die mit Germ gemischte Milch dazugeben und alles gut verkneten. Dazu am besten die Küchenmaschine oder den Elektroquirl mit Knetern einsetzen. Der durchgearbeitete Germteig ist gut, wenn er „Blasen“ wirft und sich leicht vom Schüsselrand ablöst. Sollte er nicht weich und geschmeidig sein, so geben Sie noch etwas warme Milch hinzu.

● Den Teig mit einem trockenen Tuch abdecken und nochmals 20 - 30 Minuten gehen lassen.

● Inzwischen die Füllung vorbereiten. Hierzu Zucker, Honig und Milch langsam aufkochen lassen, dabei beständig umrühren. Zum Abkühlen beiseite stellen. Erst wenn die Mischung nur noch lauwarm ist, alle anderen Zutaten dazugeben und gut miteinander vermischen. Sollte die Füllung zu fest sein, so geben Sie noch etwas kalte Milch dazu.

- Den aufgegangenen Germteig auf einem gut gefetteten oder mit Backpapier ausgelegten Backblech zu einem Rechteck von 35 x 50 cm ausrollen. Die Füllung so darauf verstreichen, daß ringsum ein Rand von 1 - 2 cm freibleibt.

- Vorsichtig, am besten mit Hilfe des Backpapiers aufrollen und an den Enden einschlagen. Die Teigrolle legt man dann in eine größere, gut gefettete Gugelhupfform.

- Nochmals ca. 20 Minuten gehen lassen. Inzwischen das Backrohr auf 160 - 180 °C vorheizen.

- Die Potitze in 35 - 50 Minuten goldbraun abbacken.

- Kurz vor Ende der Backzeit Eidotter mit Wasser versprudeln und die Oberfläche damit bestreichen.

Interessant für Sie:
Die „Potitze“ wird in einigen Regionen Kärntens auch „Putitze“ genannt. Diese Bezeichnung stammt aus dem südlich angrenzenden Slowenien und bedeutet „eingewickelter Kuchen“.

Die Potitze kennt man auch mit einer **Mohnfülle.** Anstelle der gemahlenen Haselnüsse und der Kuchenbrösel verwenden Sie dann 400 g gemahlenen Mohn. Die weitere Zubereitung bleibt gleich.

„Grantnschleck"

- 1/4 l Schlagobers (süße Sahne)
- 1 EL Zucker
- 250 g gekochte „Grantn" (Preiselbeeren)

● Das Schlagobers halbsteif schlagen, zuckern und weiterschlagen, bis die Masse fest ist.

● Die Grantn eßlöffelweise unterheben, dann die Mischung kühl stellen.

Unser Tip:
Der „Grantnschleck" paßt gut zu den Apfelknödeln (Rezept Seite 57), aber auch zum Eierschmarrn (Rezept Seite 50).

Hollerwein

- 5 große Hollerblüten (Holunderblüten)
- 2 kg Zucker
- Saft von 1 Zitrone
- ca. 10 l abgekochtes Wasser

● Die frischen Hollerblüten waschen, gut abtropfen lassen und mit Küchenpapier etwas trockentupfen. In ein ausreichend großes Gefäß geben, Zucker, Zitronensaft und Wasser dazugeben. Einmal gut umrühren.

● Gut zugedeckt 14 Tage lang stehenlassen. Dann durch ein Tuch abseihen und in geeignete Flaschen umfüllen, die man verkorkt und mit einem Draht umbindet.

● Die Flaschen weitere 14 Tage kühl lagern, dann ist der Wein trinkbar.

Kärntner „Jausn“

Wie in fast allen österreichischen Bundesländern, so sind auch in Kärnten die Jausen sehr beliebt. Besonders hervorzuheben sind die verschiedenen Speck-Spezialitäten. Saftiger Bauchspeck oder rot-weißer Schinkenspeck wird in vielen Variationen hergestellt und angeboten. Seine hohe Qualität basiert auf der großen Sorgfalt bei der Verarbeitung und der gewissenhaften Prüfung der einzelnen Arbeitsschritte.

Neben dem Speck werden aber auch eine ganze Reihe anderer Spezialitäten serviert.

Die **„Bauernjausn“** besteht daher aus Speck, luftgetrockneter Wurst und Schwarzbrot (dunkles Roggenbrot).

Zur **„Kasjausn“** gehört ein Sauerkas (mit Salz, Kümmel und Paprikapulver gewürzter Topfen), Butter und ebenfalls Schwarzbrot. Werden außerdem Speck und luftgetrocknete Würste dazu gereicht, so ist dies dann eine typische **„Holzknechtjausn“.** Kinder mögen den **„Kälberleck“.** Hierzu wird Butter mit Honig verrührt und auf Brot oder zur Weihnachtszeit auf „Kletzenbrot“ gestrichen.

Zu einer **„Zwiebeljausn"** gehören Speck, feingeschnittene Zwiebelringe in saurem Rahm und Kümmelbrot. Ein Stück vom Reindling oder von einer Potitze, dazu Ei, Kren, G'selchtes (geräuchertes Schweinefleisch), Schwarzbrot und Butter sind Zutaten für die reichhaltige **„Osterjausn"**.

Gleich, welche Jause man in Kärnten probiert, immer ist sie kräftig und die Zugaben sind gut aufeinander abgestimmt.

Zu den Rezepten:
Alle Rezepte sind für vier Personen berechnet, nur die Rezeptmenge einiger Mehlspeisen ist etwas größer gewählt, da diese gerne auch als Hauptgericht serviert werden. Die Angaben für das Backen beziehen sich auf Backöfen mit Ober- und Unterhitze. Möchten Sie hierfür die Heißluft einsetzen, so stellen Sie ca. 20 °C niedriger ein. Die Backzeiten bleiben gleich.

Zum Gebrauch des Buches:
Es werden mehrfach Abkürzungen benutzt, die nachstehend kurz erklärt werden:

EL	Eßlöffel
TL	Teelöffel
Msp	Messerspitze
g	Gramm
kg	Kilogramm
l	Liter
cl	Zentiliter
ml	Milliliter
geh.	gehäuft
gem.	gemahlen
Pa	Päckchen

Produktion:
Verlagsbüro F. Petermüller
Siegsdorf

Bildnachweis:
Titelbild: Fotostudio Teubner, Füssen
Umschlagrückseite: Österreich Werbung, Wien
Fa. Neff GmbH, Bretten: 5, 6
Bildarchiv der Oberösterreichischen Kraftwerke, Linz: 12, 40, 76
Salzburger Land, Tourismusgesellschaft: 16
Komplettbüro GmbH, München: 21, 24, 55, 63
Siemens Elektrogeräte GmbH, München: 26
Robert Bosch Hausgeräte GmbH, München: 31
Fa. Langnese Iglo, Hamburg: 35
Österreich Werbung, Wien/Kärnten: 3, 4, 37, 46, 65, 71, 78
Fotostudio Teubner, Füssen: 38, 51, 58
Fotostudio Sattelberger, Füssen: 42, 72
Sigloch Edition, Künzelsau: 57
Eskimo-Iglo, Wien: 69
Autorin und Verlag danken den oben genannten Unternehmen für die umfangreiche Bereitstellung des Bildmaterials.

Fax +43 512 265561-8
e-mail: kompass@kompass.at
Verlagsnummer: 1705
ISBN 3-85491-710-4
4. Auflage 2003